OUPS©

Mit kleinen Schritten zum Glück

Der kleinste Schritt zum Glück ist
sich glücklich zu schätzen,
ohne erst einen Grund dafür zu suchen.

Im Band 16 vermittelt der kleine Herzensbotschafter Oups in gewohnt liebenswerter Weise, dass es langfristig nicht die „großen Sprünge" sind, die uns dem Glück ein Stück näher bringen, sondern vielmehr die kleinen Schritte, die man mit Achtsamkeit geht …

Ist Ihnen Oups bereits begegnet?

Oups lebt auf einem fernen Stern, dem „Planet des Herzen", auf dem das größte Gut die Liebe ist. Streit, Neid oder Missgunst kennt man dort oben nicht.

Weil Oups wissen wollte, warum die Menschen ganz anders leben, sich viele das Leben so schwer machen, streiten und sogar Kriege führen, beschloss er zur Erde zu fliegen und zwei Geschenke zu überbringen: die Liebe und die Freude …

So wurden die Menschen zu Freunden und die Erde zu einem Ort, den er immer wieder gerne besuchte …

Wieder einmal war Oups zu Besuch auf der Erde ...

Sein Weg führte ihn durch eine ruhige, naturbelassene Landschaft, weit abseits pulsierender Städte. Für Oups war es immer wieder eine Freude, neue Plätze auf der Erde zu erkunden.

„Unbeschreiblich schön - fast so wie im Paradies, was die Welt den Menschen hier alles bietet", schwärmte er in Gedanken, während er seinen Blick über die prachtvolle Gegend schweifen ließ.
Es war gerade Frühlingszeit, so wirkten die sanften Hügel in ihrer Farbenpracht wie ein buntes Kunstwerk, das selbst ein phantasievoller Maler nicht hätte schöner malen können.

Behutsam streifte Oups mit seiner Hand über die Blüten eines Strauches und genoss dabei ihren lieblichen Duft.

Die Welt zeigt sich uns so,
wie wir ihr begegnen.

Wenig später hatte Oups den höchsten Hügel dieser malerischen Landschaft erreicht, wo er Ausschau nach einem gemütlichen Plätzchen hielt, um sich etwas auszuruhen.

„Das ist wohl heute ein echter Glückstag", freute er sich, nachdem er auf der Anhöhe einen kleinen runden Felsblock mitten auf der Wiese entdeckt hatte, der sich ihm wie ein Sessel anbot. Ein Sessel in bester Lage. Oups nahm das Angebot dankend an und machte es sich auf dem von der Sonne erwärmten Felsen bequem. Von diesem Platz aus hatte er einen traumhaften Ausblick. Nachdem er den ganzen Horizont und die Gegend um sich herum erkundet hatte, machten einige Grillen durch ihre Lebhaftigkeit auf sich aufmerksam. Es schien so, als wollten sie Oups mit ihren gewaltigen Sprüngen imponieren.

„Woher nehmt ihr kleinen Kerlchen nur die unglaubliche Sprungkraft?", fragte sich Oups und bewunderte dabei die Grillen, die sich mit weiten Sätzen von einem zum anderen Grashalm katapultierten.

Es ist keine Frage der „Größe",
um Größe zu zeigen.

„Es ist schon faszinierend, mit welch unterschiedlichen Fähigkeiten die verschiedenen Geschöpfe im gesamten Universum ausgestattet sind", staunte er über diese kleinen Sprungwunder.

Er hatte dabei gar nicht bemerkt, dass sich in der Zwischenzeit eine Grille auf seinem Schoß niedergelassen hatte. Erst als diese mit den Worten „Sind gut drauf die Jungs", auf sich aufmerksam gemacht hatte, erblickte er das kleine Wesen. Noch bevor Oups die Grille begrüßen konnte, meinte diese voll Stolz: „Mich hättest du erst in jungen Jahren sehen sollen. Ich konnte über Berge springen."

Oups musste schmunzeln. „Na, na, nun übertreib´ mal nicht zu sehr. Wie heißt du eigentlich?"

„Ich bin Grapper."

„Hallo Grapper, ich heiße Oups."

Jedem von uns wurde für sein Leben
ein bestimmtes Talent
mit auf den Weg gegeben.

Erst jetzt erkannte Oups, dass Grapper etwas hinkte. Sein rechter Fuß vorne schien etwas steif zu sein.

„Du hast gemerkt, dass nicht mehr alle meine Beine so mitmachen, wie ich das gerne hätte", sagte Grapper, als könne er Gedanken lesen. „Ist nicht so schlimm – bin ja auch nicht mehr der Jüngste. Aber früher, ...", begann die Grille dann im selben Atemzug wieder voll Stolz zu schwärmen, „... früher wollte ich immer weiter und höher springen als alle anderen. Mein Ziel war es immer, der Beste zu sein. Und ich war oft der Beste!"

„Tatsächlich?", fragte Oups

„Ja, ehrlich! Ich habe sehr hart trainiert dafür. Du weißt ja, Erfolg kommt nicht von alleine. Man muss viel dafür tun."

„Ja, da hast du Recht", sagte Oups. „Wer Außergewöhnliches erreichen will, muss Außergewöhnliches dafür tun. Aber wie geht es dir jetzt? Bist du unglücklich darüber, dass du keine großen Sprünge mehr machen kannst?"

Außergewöhnliches erreicht man,
wenn man Außergewöhnliches dafür tut.

„Nein!“, antwortete Grapper ruhig und gelassen.

„Weißt du Oups, alles hat seine Zeit. Ich bin jetzt etwas langsamer unterwegs als in jungen Jahren – und das ist gut so.“

„Wow …?“, sagte Oups etwas erstaunt und lobte Grapper. „Ich finde deine Einstellung bewundernswert.“

„Nun, das war aber nicht immer so. Doch das ist eine längere Geschichte.“

„Erzählst du sie mir trotzdem?“, wünschte sich Oups.

„Gerne, wenn sie dich wirklich interessiert und du genügend Zeit hast.“

„Man hat die Zeit, die man sich selbst schenkt“, antwortete Oups mit einem Augenzwinkern. „Also, lass´ mal hören!“

So begann Grapper von seinen wilden, jungen Jahren zu erzählen, in denen er nur auf Erfolg fixiert war …
… bis zu jenem Zeitpunkt, der sein Leben veränderte.

Es ist unsere Lebenseinstellung,
die über unsere Zufriedenheit entscheidet.

„Eines Tages habe ich meine Grenzen überschritten und mir durch übertriebenes Training ein Bein gebrochen.
Das wäre nicht so schlimm gewesen, wenn ich dann auf die Stimme meines Körpers gehört hätte, der sich eine Auszeit gewünscht hatte. Doch wider allen Warnungen gönnte ich ihm keine Ruhe. So wurde das Bein nicht mehr so, wie es vorher war. Anfangs war ich sehr unglücklich, im wahrsten Sinne des Wortes am Boden zerstört. Ich wollte mich beim besten Willen nicht damit abfinden, dass plötzlich andere weiter sprangen als ich. Es schmerzte mich und mein Ego, nicht mehr mithalten zu können. Lange Zeit habe ich mit dem Schicksal gehadert und dagegen angekämpft. Ja, ich war so ehrgeizig, dass ich die Zeichen der Zeit nicht erkennen wollte. Ich wollte einfach nicht wahrhaben, dass sich mein Leben veränderte. Nichts bleibt wie es ist. Nichts können wir dauerhaft festhalten – doch das wollte ich nicht akzeptieren …

… bis zu jenem Zeitpunkt, an dem ich Eddy begegnete.

Höre achtsam auf Deine innere Stimme –
sie meint es gut mit Dir.

Eddy ist ein Marienkäfer und heute mein allerbester Freund. Durch ihn sollte sich mein Leben grundlegend verändern." Grapper musste dabei kurz lachen.
„Ha, ha, … und wie sich mein Leben verändert hat. Ich liebe es heute mehr denn je."

„Das ist klingt ja gut", freute sich Oups und wollte mehr über diesen außergewöhnlichen Marienkäfer erfahren.

So fuhr Grapper mit seiner Geschichte fort: „Eddy ist noch älter als ich, aber im Herzen jung wie ein Kind …
… wie ein glückliches Kind. Und das, obwohl er schon damals, als ich ihn das erste Mal traf, nicht mehr fliegen konnte. Dabei ist er zuvor, in jungen Jahren, munter und mutig durch die Luft geschwirrt. Er liebte es zu fliegen und probierte immer wieder neue Kunststücke in der Luft aus. Doch eines Tages hatte eine Krankheit seine Flügel lahmgelegt, so konnte er plötzlich von einem auf den anderen Tag nicht mehr fliegen.

Jeder von uns kann das Leben
in jedem Augenblick
ein bisschen liebenswerter machen.

Als ich ihn fragte, wie er das verkraftet habe, antwortete er voll Fröhlichkeit, als hätte sich für ihn nichts geändert:
`Alles ist gut wie es ist. Es ist doch hier am Boden genauso schön wie in der Luft.
Weißt du eigentlich, wie viel Schönes es ganz nahe um uns herum zu entdecken gibt?´, fragte er und zeigte auf mich.
`Dich zum Beispiel. Ja, DICH! Früher habe ich dich, so wie viele andere Bewohner hier, immer nur flüchtig von der Ferne gesehen. Ich hatte gar keine Zeit, Nähe zu jemandem zu suchen, keine Zeit, Nähe zuzulassen. Ja, früher habe ich vieles im wahrsten Sinne des Wortes nur überflogen. Heute gehe ich jeden Schritt bewusst und begegne dem Leben um mich herum mit Achtsamkeit. Und jeder Schritt hat mich zu neuen Erkenntnissen und zugleich ein Stück näher zu mir selbst geführt.´

„Ich konnte anfangs mit seinen Worten nicht viel anfangen, und doch berührte seine Geschichte mein Herz.

Die Wunder, die uns das Leben bietet,
können wir nur entdecken,
wenn wir uns Zeit dafür nehmen.

Vor allem die Art und Weise wie er sie erzählt hat:
Voll innerer Zufriedenheit und Fröhlichkeit, wie ich sie selten bei jemandem zuvor gesehen hatte.

´Früher habe ich vieles im wahrsten Sinne des Wortes nur überflogen. Heute gehe ich jeden Schritt bewusst und begegne dem Leben um mich herum mit Achtsamkeit.`

Diese beiden Sätze haben mich nicht mehr losgelassen.
War es nicht auch bei mir so, dass mich mein Ziel manchmal blind machte?, fragte ich mich selbst. Hatte ich nicht auch vieles übersprungen in meinem Leben? Ich hatte doch meist nur jenen Grashalm fixiert, den ich als Zielpunkt für meinen nächsten Rekordsprung festgelegt hatte. Allem, was darunter und daneben war, schenkte ich kaum Beachtung. Vielleicht hatte auch ich dadurch wirklich viele wundervolle Dinge, die mir das Leben bieten wollte, übersehen.
Habe ich etwa das Wesentliche des Lebens schon versäumt?
All diese Fragen haben mich so sehr beschäftigt, dass ich das Bedürfnis verspürte, nochmals mit Eddy zu reden."

Unsere Sicht-Weise bestimmt über unsere Wahr-Nehmung, darum lohnt es sich das Leben, um uns herum mit dem Herzen zu betrachten.

„Und?“, fragte Oups gespannt.

„Eddy hat mir in Ruhe zugehört und geantwortet:

`Es ist gut, wie es ist – und es ist gut, wie es war. Das Leben findet im Jetzt statt. Deshalb versuche niemals das Rad der Zeit zurückzudrehen. Es ist vergebene Mühe. Du hattest eine schöne Zeit und wahrscheinlich auch viele schwierige Momente. Sei dankbar für alles, was war und lasse die Vergangenheit liebevoll los, statt ihr nachzutrauern oder dich gar zu ärgern, dass du etwas hättest anders machen sollen. Du hast nichts versäumt, sondern die Erfahrungen gemacht, die für dich wichtig sind. Alles im Leben hat seinen Sinn – auch alle weniger schönen Erlebnisse. Und dass wir beide uns begegnet sind, ist ebenfalls kein Zufall.

Ja, davon bin ich heute auch überzeugt. Denn diese Begegnung gab meinem Leben einen neuen Sinn.
Durch Eddy hat sich meine Lebenseinstellung grundlegend verändert. All meine Verbissenheit aus früheren Tagen ist seither mehr und mehr dem inneren Frieden gewichen.

In Harmonie ist,
wer dankbar seine Vergangenheit loslässt,
vertrauensvoll in die Zukunft blickt
und zufrieden im Jetzt lebt.

Früher habe ich nur die sonnigen Tage des Lebens geliebt, Erfolg, Anerkennung, einen neuen Rekord …
Heute liebe ich auch den Regen", sagte Grapper und ergänzte mit einem Augenzwinkern, „weil ich weiß, dass sich hinter jeder Regenwolke das Lächeln der Sonne verbirgt."

„Du trägst die Sonne jetzt im Herzen. Man kann es spüren", entgegnete Oups mit einem Lächeln.

„Danke für das Kompliment", freute sich Grapper.

„Weißt du, Oups, ich gehe jetzt viel langsamer und das tut mir so gut. Je langsamer ich gehe, umso mehr Zeit habe ich in den wahren Reichtum, den uns das Leben anbietet, einzutauchen. Es mag komisch klingen, doch ich habe erkannt, dass mich die kleinen Schritte in Achtsamkeit dem Glück viel näher bringen als all meine großen Sprünge von damals. Ich liebe den Augenblick, weil ich mir JETZT die Zeit nehme, das Schöne um mich herum zu entdecken, statt meinen Blick nur auf ein Ziel in der Zukunft zu richten."

Das Lebensglück entdeckst Du
in der Langsamkeit,
so eile nicht – genieß' die Zeit.

„Trotzdem kannst du auch stolz auf deine Erfolge von damals zurückblicken und dankbar dafür sein", sagte Oups.

„Nun, das bin ich. Nur gibt es einen Unterschied zu früher: Ich gönne heute auch allen anderen den Erfolg von ganzem Herzen. Das fiel mir damals sehr schwer. Und noch etwas hat sich geändert: Damals vermochte ich nur meine Stärken zu zeigen. Nicht einmal mir selbst gegenüber akzeptierte ich Fehler oder Schwächen. Heute verberge ich weder meine Schwächen noch meine Schattenseiten, denn sie sind ein Teil von mir, den ich verständnisvoll annehme. Ich mag mich, wie ich bin. Das hat zwar ein bisschen gedauert, doch erst mich selbst so lieben zu können, hat mich wirklich frei gemacht und so manches Wunder bewirkt. Seit ich mein steifes Bein liebevoll akzeptiert habe, fühlt es sich an wie ein gesundes Bein und wird meinem Gefühl nach, von Tag zu Tag beweglicher."

„Das freut mich", sagte Oups gerührt.

wahre Stärke ist Verständnis
für „Schwächen" zu zeigen –
für die eigenen, wie für die von anderen.

„Warte, ich zeig es dir", rief Grapper und hüpfte von seinem Schoß auf den Felsblock, wo er neben Oups landete.

Oups applaudierte. „Super, aber übertreib´ es nicht zu sehr."

„Nein, ich bin jetzt nur für dich so weit gesprungen", schmunzelte Grapper.

„Nur für mich? Es ist mir eine Ehre, mein Freund. Und vielen Dank für deine wertvolle Geschichte. Sie hat mich um eine Erfahrung reicher gemacht."

„Und mich um viele", sagte Grapper mit einem Lächeln.

„Welche Erfahrung war davon die wichtigste für dich?", fragte Oups neugierig.

Grapper überlegte ein Weilchen. Dann antwortete er:
„Früher habe ich das Glück für mich alleine gesucht.
Ich habe ein bisschen zu viel auf mein Ego gehört. Heute weiß ich, dass die wahre Erfüllung in der Verbundenheit zu finden ist."

Die Saat für unser Glück im Leben
sind unsere Gedanken, unser Tun
und all das, womit wir uns „umgeben".

„In der Verbundenheit? Wie meinst du das? Kannst du mir das genauer erklären?"

„Ja, das könnte ich, aber ich habe eine andere Idee. Du besuchst meinen Freund Eddy. Er wohnt dort unten bei diesem Baum, neben dem kleinen Bächlein", antwortete Grapper und zeigte die Richtung an.

„Du meinst, dein Freund kann das besser als du?"

Grapper nickte. „Er wird dir nicht viel erklären. Er wird es dich spüren lassen, was wir mit Glück und Erfüllung durch Verbundenheit meinen."

„Nun, da bin ich mal gespannt", sagte Oups und konnte es kaum erwarten, Eddy kennenzulernen. So verabschiedete er sich wenig später herzlich von Grapper. „Es war schön, Dich kennengelernt zu haben. Hoffentlich sehen wir uns bald mal wieder!"

„Das hoffe ich auch! Mach´s gut lieber Freund, und richte Eddy schöne Grüße von mir aus. "

Die Kraft der Verbundenheit lässt sich spüren,
wenn wir einander mit offenem Herzen berühren.

Schon nach kurzer Zeit näherte sich Oups dem Ziel. „Für mich ist es nur ein Katzensprung, doch für Grapper ist der Weg zu seinem Freund ganz schön weit", dachte er, als er den Baum erreicht hatte.

„Gibt es hier einen Eddy?", rief Oups, als er direkt vor dem Baum stand, der sich ihm in voller Blütenpracht präsentierte. Der zauberhafte Anblick ließ sein Herz höher schlagen.

„Hallo", hörte er dann eine leise Stimme antworten. Es dauerte ein Weilchen bis Oups entdeckte, woher die Stimme kam. Auf einem kleinen Ableger des Baumes sah er einen kleinen Marienkäfer sitzen.

„Eddy?!", fragte Oups.

„Ja, der bin ich. Oups, ich habe mich schon sehr gefreut auf dich."

„Auf mich?", fragte Oups verwundert.

Mit einem offenen Herzen findest Du
überall auf der Welt liebe Freunde.

„Wieso kennst du meinen Namen und weißt, dass ich zu dir komme?"

„Hier bei uns gibt es keine Geheimnisse. Der Wind hat es mir zugetragen", antwortete Eddy schmunzelnd.

„Hmmmm … der Wind?" Oups überlegte kurz. „Na gut. Dann weißt du wohl auch schon, dass ich dir schöne Grüße von deinem lieben Freund Grapper ausrichten soll, oder?"

Eddy nickte. „Trotzdem vielen Dank! Ich freue mich sehr, dass du vorbeigekommen bist. Du bist etwas Besonderes, das weiß ich."

„Oh danke … hat dir das auch der Wind erzählt?"

„Ja, so könnte man sagen! Ich weiß viel von dir. Du kommst von einem fernen Stern und man hat mir erzählt, dass du außergewöhnlich achtsam und liebevoll gegenüber allen Tieren, Pflanzen, Menschen und Dingen bist. Das ist schön."

Sei neugierig und offen für Unbekanntes,
auch für etwas,
das Du nicht begreifen kannst.

Diese Worte verblüfften Oups noch mehr. „Nun, ich bemühe mich, doch es gelingt mir leider nicht immer. Ich bin schließlich auch nicht perfekt."

„Wieso glaubst du, dass du nicht perfekt bist, Oups?", fragte Eddy.

Oups zuckte mit den Schultern.

„Sieh dich hier um, Oups", sagte Eddy und schwenkte seinen Blick von links nach rechts und zurück.
„Die Natur zeigt es dir. Alles ist perfekt, so wie es ist. Und zwar deshalb, weil nichts perfekt zu sein braucht. Der Baum, der krumm gewachsen ist, hat unter uns Naturwesen die gleiche Wertigkeit, wie jener Baum, der kerzengerade in den Himmel ragt. Jede Pflanze, jedes Tier, jeder Stein – alles ist gut, so wie es ist. Die Natur bewertet nicht. Sie unterscheidet nicht zwischen perfekt und fehlerhaft. Alles ist zum Wohle für alle da.

Vertraue darauf, dass von Natur aus
alles gut ist, so wie es ist.

Wenn du wieder einmal das Gefühl hast, nicht perfekt oder gut genug zu sein, dann denke daran, dass von Natur aus alles perfekt ist – so wie es ist. Auch ich mit meinen lahmen Flügeln", sagte Eddy und begann über sich selbst zu lachen, als er versuchte seine Flügel zu zeigen. Denn statt sich erhebend auszubreiten, glitten sie nur schlapp den Körper hinab. Dort blieben sie – erschlafft nach unten hängend.

Das Lachen war so ansteckend, dass auch Oups mitlachen musste, bis Eddy fortfuhr.

„Natürlich bemühe ich mich Fehler zu vermeiden und es ist mir sehr wichtig, mich weiter zu entwickeln. Doch meine Erfahrung hat mir auch etwas anderes gezeigt: Wer ständig daran festhält nach Perfektion zu streben, kann leicht etwas vergessen – nämlich die FREUDE am Leben. Denn wem nichts perfekt genug ist, der verliert seine Leichtigkeit im Leben und wird unzufrieden sein – unzufrieden mit sich selbst und mit der ganzen Welt.

Wenn wir zu viel nach
Perfektion streben,
verlieren wir die
Leichtigkeit im Leben.

Durch das Streben nach mehr und mehr Perfektion und den damit steigenden Ansprüchen, schaden wir meist auch anderen. Meine Krankheit stammt von einem Düngemittel, das die Menschen über einem Feld versprühten, auf dem ich damals mit meinen Freunden spielte. Dieses Mittel sollte dafür sorgen, dass alles schneller und perfekter wächst."

„Das tut mir leid, Eddy …", zeigte Oups Mitgefühl. „Wahrscheinlich war es den Menschen gar nicht bewusst, dass dieses Mittel so vielen von euch hier schadet."

Eddy nickte. „Ja, ich glaube, genau da liegt das Problem: im fehlenden Bewusst-Sein."

Nach diesen Worten schwieg der Marienkäfer für einen kurzen Moment, ehe er mit einem Lächeln sagte: „Bewusst-Sein, das ist es, wonach es sich zu streben lohnt. Achtsamkeit in all unserem Sein. Das heißt, all unseren Gedanken, unseren Gefühlen, unseren Bedürfnissen, unseren Worten und unserem Tun liebevolle Aufmerksamkeit zu schenken."

Bewusst-Sein heißt,
all unseren Gedanken und unserem Handeln
liebevolle Aufmerksamkeit zu schenken.

Oups war einmal mehr erstaunt über die Weisheit des alten Marienkäfers und fragte sich, woher dieser kleine Kerl das wohl alles wisse.

Noch bevor er seinen Gedanken so richtig zu Ende denken konnte, kam die Antwort des Marienkäfers: „Ganz einfach, weil wir alle miteinander verbunden sind, durch bestimmte Schwingungen. Sie entstehen aus unserem Inneren und haben eine magische, sich ausdehnende Kraft. All unsere Gedanken und Gefühle erzeugen eine Form von Schwingung, die sich ausbreitet – entweder als liebevolle, erfüllende Energie oder als negative, zerstörerische. Es liegt an uns. Je mehr von uns diese magische Kraft wohlwollend einsetzen, desto rascher wird sich ein Wandel für eine neue Welt vollziehen. Eine Welt, die allen Glück beschert. Glück, das derzeit viele auf unterschiedlichste Art und Weise erstreben. Meist aber jeder nur für sich allein …"

Nach diesen Worten schwieg Eddy und begann den Stamm des Baumes hochzuklettern.

Erst wenn wir verstehen,
dass wir ein Teil des Ganzen sind,
werden wir „ganz" dafür da sein.

Oups beobachtete geduldig, wie der alte Marienkäfer ganz langsam – mit winzig kleinen Schritten – immer weiter nach oben kletterte, bis er den ersten großen Ast erreicht hatte. Auf diesem krabbelte er weit nach außen, über die Blätter bis zu einer der vielen wundervollen Blüten, auf der er es sich dann gemütlich machte.

Für einen Moment waren die beiden ganz still und lauschten der Musik der Natur: dem leisen Rauschen der Blätter, die sanft vom Wind gestreichelt wurden, dem erfrischenden Plätschern des kleinen Baches und ihrem eigenen Atem. Dabei spürte jeder für sich die friedvolle Schwingung und Freude in seiner Mitte … und zugleich eine tiefe, liebevolle Verbundenheit zum anderen.

Keiner von ihnen wusste, wie viel Zeit vergangen war, bis beide zugleich durch eine sanftmütige Stimme aus ihrem Verweilen erweckt wurden.

„Das tut gut, was ich hier fühle." Es waren die Worte des Baumes, der die Dankbarkeit und Freude der beiden spürte.

Nimm Dir Zeit für Stille,
um das Leben
und Dich selbst neu zu entdecken.

„Nun, es tut ja auch so richtig gut, bei dir sein zu dürfen", antwortete Eddy. Oups nickte zustimmend mit freundlichem Lächeln.

„Jetzt habe ich gespürt, was Grapper mit Verbundenheit gemeint hatte", sagte Oups und blickte zum Baum.

„Du blühst für dich und lässt uns alle mit dir aufblühen.
Du wächst für dich und lässt andere mit dir mitwachsen."
Dabei blickte Oups auf ein Vogelnest in der Baumkrone.
„Du bist in Frieden mit dir, egal ob die Sonne scheint oder der Himmel weint.
Du liebst die Heimat, die dich umgibt und bietest Heimat für andere." Oups zeigte dabei auf Eddy, der nach wie vor gemütlich auf der prächtigen Blüte verweilte.
„Du berührst den Himmel, trotzdem bist du tief und fest verwurzelt mit Mutter Erde.
Du bist reich an Schätzen und teilst sie dennoch liebevoll mit anderen", sagte Oups, während er sich über den Anblick

Bring' Dein Herz zum Blühen,
und die Welt um Dich wird aufblühen.

der vielen Bienen freute, die emsig von Ast zu Ast schwirrten und damit beschäftigt waren, Blütenstaub zu sammeln.

Sichtlich stolz, antwortete daraufhin der Baum: „Danke für deine lobenden Worte, Oups. Es fällt mir nicht schwer, für andere da zu sein. Wer nur an sich alleine denkt, wird nie ein erfülltes Leben erlangen. Weißt du, Erfüllung bedeutet für mich: SICH SELBST und ANDERE glücklich zu machen. Darum wachse und blühe ich für alle. Und wenn ich damit auch dein Herz erfreuen kann, bringt mir das wieder ein Stück mehr Erfüllung."

Oups nickte. „Das ist auch das Lebensmotto auf unserem Stern. Es ist die Liebe, die uns alle miteinander verbindet. Und wenn wir uns auf diese Verbindung einlassen, wird die Liebe unbegrenzt wachsen. Wir müssen ihr dazu nur den nötigen Raum in unserem Herzen geben, so kann jeder Ort – ob hier oder anderswo zu einem Paradies werden."

Der Liebe im Herzen Raum zu geben,
bringt Glück in die Welt
und Erfüllung für unser Leben.

Da meldete sich auch Eddy zu Wort: „Oups, wo du lebst, gibt es bereits so etwas wie das Paradies. Auf eurem Stern, dem *Planet des Herzen,* sind alle füreinander da und stets bemüht, sich gegenseitig Freude zu machen. Das würde ich mir auch hier auf Erden wünschen."

„Du weißt viel von unserem Stern. Hat dir das auch der Wind erzählt?", fragte Oups und zwinkerte Eddy zu.

„Ja, der Wind", antwortete Eddy mit einem Lächeln und blickte dabei kurz zum Himmel.

Danach kletterte er über den Rand der Blüte und ließ sich einfach fallen. Wohlbehalten landete er im weichen Moos, das sich im Schatten des Baumes gebildet hatte.
Oups hob ihn behutsam in seine Hände. Dann setzte er sich mit Eddy unter den Baum, wo sie noch lange über ihre Träume und Visionen philosophierten …

Mit Freude anderen Freude zu machen,
lässt unser Herz zufrieden lachen.

Vielleicht freut Sich jemand über eines dieser Kärtchen :-)

TEXTE / SPRÜCHE

Kurt Hörtenhuber

Jeder von uns kann das Leben in jedem Augenblick ein bisschen liebenswerter machen. Dazu bedarf es nicht unbedingt großartiger Leistungen. Es sind unsere „kleinen Gesten" im Alltag, die darüber entscheiden, wie viel Freude wir in unserem Leben verbreiten. Liebevolle Worte ... ein Lächeln ... Achtsamkeit und Wertschätzung gegenüber anderen ... Hilfsbereitschaft ... Dankbarkeit ... Möge es uns gelingen, unsere Gedanken vertrauensvoll auf das Positive zu fokussieren, dann werden viele „kleine Schritte" folgen, die uns dem eigenen Lebensglück näher bringen werden.

Oupsige Grüße!

ILLUSTRATIONEN

Günter Bender

Es liegt mir nicht viele Worte zu machen... meine Sprache sind die Bilder. So bin ich dankbar diesen kleinen „Oups" und seine Freunde zeichnen zu dürfen. Ich versuche mit Achtsamkeit und Sorgfalt zu zeichnen und fühle wie jeder Zeichenstrich meinem Leben Freude und Zufriedenheit schenkt, wie jede Farbe Harmonie und Fröhlichkeit schafft. Lassen Sie sich von den Zeichnungen begleiten. Es sind die kleinen Schritte, die ein Lächeln zaubern.

Viele weitere Bücher, die ein Lächeln auf die Lippen zaubern …

Kennen Sie die herzerwärmende Buchserie „Oups"
Österr. Bestseller, ausgezeichnet mit dem Platin Buch
Übersetzt in 18 Sprachen

Mehr von den Clowns finden Sie
auf der Verlagswebsite: www.oups.com

NEU:
„Oups, wer bist denn du?"
das erste Oups-Buch für Kinder

Das gesamte Verlags-Programm mit
Lese- und Hörproben finden Sie unter:
www.oups.com